슬픈 나라 슬픈 이야기

슬픈 나라 슬픈 이야기

초판 1쇄 인쇄 2009년 5월 1일
초판 1쇄 발행 2009년 5월 8일

지은이 우봉규
펴낸이 마혜숙
펴낸곳 도서출판 본북

주소 서울시 종로구 관훈동 177 대형빌딩 303호
전화 02-732-8788 | **팩스** 02-732-8786
이메일 bonbook711@gmail.com
출판등록 2008년 12월 1일 제 300-2008-119호

ISBN 978-89-962082-2-8 03810

책값은 뒤표지에 있습니다.
잘못 만들어진 책은 구입하신 서점에서 교환해 드립니다.

슬픈 나라 슬픈 이야기

푸른궁전 흰코 너굴님에게 보내는 메시지

우봉규

밥북

작가의 말

이 우화는 50만 명에 달하는 이 땅의 밥 굶는 어린 너구리들을 위해 씌어졌다. 오어 때문에 죽은 너굴 작가들과 오어 때문에 고통 받는 어린 너구리들을 위해 씌어졌다.

차례

경축
G20
가입기념

한반도에 사는 가난한 너구리들이 선택한 책

문자 그대로 2008년 이후 너굴나라 남북을 막론하고 — 때론 이승의 막장에서, 때론 저승으로 가는 갈림길에서, 때론 어두운 을지로 지하도의 겨울 속에서 — 소리 없이 떠도는 소문이 있었다. 바로 이 〈푸른궁전 흰코 너굴님에게 보내는 메시지〉이다.

그러나 누구도 이 소문을 책으로 만들 수 없었다. 너굴나라는 이미 세계를 총과 경제력으로 주름잡는 오솔나라, 즉 오소리들의 언어인 오어만이 판을 쳤다. 오어에 미쳐있었다. 오어를 모르면 아무것도 할 수 없었다. 그러나 사실 오어에 그렇게 미치도록 집착할 까닭이 없었다. 대부분의 너구리들은 오어를 쓸 곳이 없었다. 그런데도 너굴어는 거리에서 사라지기 시작했다. 너굴어로 쓴 모든 글은 자취를 감추기 시작했다. 궁민들은 너굴어로 쓴 글을 읽지 않았다. 당연히 너굴나라 작가들은 하나 둘 스러지기 시작했다. 생활고 때문이었다.

그래서 너굴나라 궁민이면 누구나 알고 있는, 어느 늙은 동화작가가 채집한 이 짧고도 우스꽝스런 이야기는 갈 곳이 없었다. 늙은 동화작가는 그나마 운이 좋은 너구리였다. 그들의 모국어인 너굴어를 쓰는 다른 모든 작가들이 처자식을 위해서 고군분투하다가 끝내 이승을 하직했음에도, 그만 살아남은 것이다. 그는 처음부터 가정을 포기하고 을지로 지하도의 노숙을 택했던 것이다.

이제 그는 생의 마지막을 처참하게 스러져 간 너굴 작가들에게 바치기로 하였다.

나는 꿈을 꾼다.
나의 조국 너굴나라가
이 세상에서 가장 너굴다운 나라가 되기를……

어떻게 할 것인가?

늙은 동화작가는 이야기를 들고 서성거렸다.

그 때 누군가가 이 늙은 동화작가에게 말했다.

"그 할머니라면 틀림없이 당신을 위해 흰코님에게 이 메시지를 전할 것입니다."

동화작가는 매일 을지로 입구에서 피켓 든 할머니를 알고 있었다. 할머니는 굴산 재개발 현장에서 화염 속에서 죽어간 아들을 가슴에 묻고 매일 매일 거리를 헤매는 노인이었다. 할머니는 흰코님에게 전할 메시지를 품고 떠났다.

그 할머니가 그 메시지를 받아서 방수포 주머니에 넣은 다음 가슴에 잡아매고 임무를 수행하기 위해 떠났다든가. 그리고 나흘째 되던 한밤중에 거룻배를 타

고 한강을 건너 서울 도심 속으로 사라졌다가 3주 만에 한강과는 반대편인 김포 쪽으로 빠져나왔다든가. 그녀가 경찰이 들끓는 내륙을 도보로 가로질러 흰코님에게 무사히 메시지를 전했다든가 등의 풍문은 지금 여기서 말하고자 하는 바가 아니다. 그 할머니가 홀연히 아무도 하지 않는 일을 하였다는 것이다.

어린 너구리들에게는 노래를 부르며.

어른 너구리들에게는 이야기를 하며.

다음과 같은.

1

서울광장에서

두꺼비 저 두꺼비 한 눈 멀고 다리 저는 저 두꺼비
한쪽 날개 없는 파리를 물고 두엄 쌓은 위에서 잘난 체하다가
뒤로 발딱 떨어지고도 하는 말
모처럼 날랜 몸이 남 웃길 뻔하였다.
– 흰코님에게

이런 상황의 너굴나라에 관련된 모든 사건을 통틀어서 너굴나라 기억의 지평에 우뚝 선 너구리가 있었다. 고작 부채 하나로 너굴나라의 심장 푸른궁전을 접수한 흰코님이었다. 그는 부유한 행상인으로 서울광장에서 부채를 팔았다. 물론 이곳저곳에서 부채를 파는 다른 상인들은 많았다. 그런데 그만이 부채를 팔아 돈을 모았고, 결국 너굴나라 추장에 당선된 것이다.

제 부채는 다릅니다.
제 부채는 저만 가지고 있습니다.

서울광장에는 전국에서 올라온 온갖 너구리들이 들끓었다.

너굴나라의 추장을 뽑는 대회전이 얼마 남지 않은 시점이었다. 그래서 많은 말들이 난무했다.

그즈음 너굴나라의 모든 너구리들의 입은 고추같이 매웠고, 비상같이 독했으며, 돌아서면 흉보고 악담하며 수작하다가 총이 있으면 곧 죽이려 들었다. 그들은 관가 땅이면 관가를 위해 울고, 민가 땅이면 민가를 위해 울지만, 한번 벼슬자리에 오르면 붕당을 만들어 싸우고 헐뜯었다. 5년마다 있는 추장 쟁탈을 위해 피가 튀고 뼈가 드러나도록 싸웠다. 반만년의 역사를 자랑하고, 전국을 금수강산이라고 떠들지만 그것은 정말 웃기는 이야기였다.

손바닥만한 제 땅마저 남북으로 나누어 서로를 죽이지 못해 안달을 떠는 주제였다. 광대놀음을 하는 바보상자를 붙안고 밤낮을 지새는 너구리들이었다. 바보상자 속의 광대놀음 한번으로 떼돈을 거머쥐는 나라, 그것이 되기 위해 많은 어린 너구리들이 밀물처럼 몰려들었다.

그들은 바보가 되기 위해, 광대가 되기 위해 춤과 노래로 무장했다. 광장엔 오어를 익히지 못한 광대 너구리들이 여름날 수목처럼 무성했다. 그들이 살 길은 그것밖에 없었다. 이 지구라는 작은 별 속의 이렇게 조그만 나라에서 온통 말도 되지 않는 이야기로 울고 웃는 그런 나라는 단 한 나라도 없었다.

자신을 위해서가 아니라, 자식의 인생에 모든 걸 건 어리석은 어미들을 가진 나라는 없었다. 만나면 그들은 자식들만을 이야기했다. 여름날 모깃불 앞에서도,

겨울날 화롯가에서도 그들은 하늘의 이야기를 하지 않았다. 죽더라도 자식들의 출세와 영달에 눈이 먼 그들은 눈물 나도록 아름다운 이 땅의 가을날에도 결코 하늘을 보는 법이 없었다. 대대로 출세를 보장받기 위해 정말 피눈물나게 뛰었다.

그들은 누군가 나타나 자신들의 간절한 뜻을 이루어 주기를 학수고대하며 서울광장에서 옛날과 미래를 함께 들먹이며 싸우고 있었다. 자연히 그 덧없는 말싸움을 식힐 무언가가 필요했다. 바로 그때 그들의 귀에 이상하고도 솔깃한 소리가 들려왔다.

"여기 제가 파는 부채보다 더 멋진 부채는 결코 이 세상에서 볼 수 없을 것입니다!"

수십 년 만에 찾아온 무더위, 끝나지 않는 토론, 그

들은 부패가 필요했다. 너구리들이 줄을 지어 흰코님에게로 몰렸다.

“모두 오십시오. 여러분들이 간절히 바라던 신비한 부채를 제가 가지고 있습니다.”

믿을 수 없는 일이었다. 그러나 저 행상인의 말이 사실이라면……. 정말로 신비한 부채만 손에 넣을 수 있다면. …… 혹시 부자가 될 수 있을지도 몰랐다. 너구리들의 눈빛이 빛났다. 그들은 〈금도끼와 은도끼〉를 비롯한 수많은 옛날이야기를 생각하며 희망에 부풀었다.

너구리들은 흰코님을 둘러쌌다.

모두 흰코님이 자랑하는 독특하고 멋진 부채를 보기 위해서였다.

그러나 흰코님이 들고 있는 부채는 보통의 부채와 조금도 다름이 없었다.

너구리들은 고개를 흔들었다.

“또 가짜 행상인이 나타났구먼.”

“꼭 요맘 때면 저런 자들이 나타난다니까.”

“믿을 수 있을까?”

“그 부채의 특징이 대체 무어냐?”

“값은 얼마요?”

흰코님은 자신 있게 말했다.

“여러분! 이 부채의 가치에 비하면 값은 아무것도 아닙니다. 하나에 10만원만 주십시오.”

너구리들은 입을 딱 벌렸다.

“이 엉터리 같은 싸구려 부채는 어디에서든지 구할

수가 있는데 10만원이라니?”

“도둑놈!”

“하나에 500원이면 살 부채를 10만원이라니?”

그런데 이상하게도 더 많은 너구리들이 몰렸다. 발길을 돌리려던 너구리들도 다시 군중이 되었다. 너무 터무니없었기 때문이었다. 흰코님은 그것을 잘 알고 있었다.

“도대체 이 부채의 특징이 무엇인가?”

이상했기에, 너무도 이상했기에 어떤 늙은 너구리가 진지하게 물었다.

“이 부채는 무려 백 년 동안 쓸 수 있는 충분한 보증이 되어 있습니다. 100년이 지나도 절대로 망가지지 않습니다.”

흰코님은 입에 거품을 물었다.

확신에 찬 어조였다.

"우와!"

"어떻게 100년을 쓰는 부채가 있어?"

많은 너구리들이 탄성을 질렀다.

그러나 대다수 너구리들이 야유를 보냈다.

"여러분 속지 마십시오."

"그는 우리 너구리 탈을 썼을 뿐, 우리와 근본적으로 다릅니다."

흰코님은 천천히 말했다.

"저는 절대 가난한 너굴 여러분을 속이지 않습니다."

그동안 너굴나라에는 너구리를 자처하면서도 사실

은 곰 가죽을 뒤집어쓰고, 또는 여우 가죽을 뒤집어쓰고, 자신이 진짜 순결한 너구리라며 수많은 못난 너구리들을 기망한 잘난 너구리들이 많았던 것이다.

"거짓말이야!"

"거짓말이야!"

몇몇 너구리들이 소리를 질렀다.

그러나 흰코님은 의연하게 되받아쳤다.

"저는 결코 순결한 흰코 너구리입니다."

그러나 오솔나라에서 약간의 문물을 배워온 한 너구리가 다시 외쳤다.

"저 행상인은 분명 태평양 건너 오솔나라의 오소리 가죽을 뒤집어쓴 가짜 너구리입니다."

그 소리를 듣고 또 많은 너구리들이 웅성거렸다. 오

래지 않은 옛날 오솔나라에 대한 좋지 않은 기억이 있었던 것이다. 지금도 오솔나라는 자신들의 이익을 위해 세상의 모든 전쟁에 끼어들었다.

부끄럽게도 너굴나라에도 그런 세월이 있었다.

쪼꼬렛 기브미이 먹던 것도 좋아요

쪼꼬렛 기브미이 먹은 것도 좋아요

처참한 반도의 남북 전쟁이 끝나고 황폐화된 너굴나라에 먹을 것이 없던 시절, 어린 너구리들은 점령군이 된 오솔나라의 장병들에게 그렇게 손을 내밀었던 것이다. 서투른 오어를 짓씹으며. 오소리 병사들은 비웃음 반, 안타까움 반으로 먹거나 혹은 먹지 못할 음식들을 배고픈 어린 너구리들에게 던져주었다.

그즈음 봄이 되면 남녀노소를 막론하고 궁민들이 줄을 서서 산으로 가서 소나무 껍질을 벗기는 바람에 마을에서 가까운 야산은 거의 벌거숭이가 되었다. 소나무 껍질 중에 가장 상등품으로 치는 것은 나무의 맨 꼭대기 중앙에 솟아있는 햇순인데, 이것을 차지하기 위해서 누가 일찍, 그리고 빨리 발견하기 위해 경쟁했다.

이때가 되면 늙은 너구리를 제외하고는 거의 모든 식구가 여기에 매달려서 껍질을 벗겨냈다. 나라에서는 소나무 껍질을 벗기지 못하도록 금지했지만, 먹을 것이 없는 궁민들의 손을 막을 수는 없었다. 그런데 소나무 껍질은 물이 많을 때는 부드럽지만 수분이 줄어들면 매우 딱딱하게 굳어지는 성질을 가지고 있었다.

따라서 소나무 껍질을 아무리 오래 끓여서 죽으로 만들어 먹더라도 그것을 모두 소화시킬 수는 없기 때문에 나머지는 변으로 나올 수밖에 없었다. 그러나 장을 거치면서 수분을 빼앗긴 소나무 껍질은 돌덩이처럼 딱딱하게 굳어졌다. 보릿고개를 넘기기 위하여 소나무 껍질을 먹은 궁민들은 자연이 변비에 걸리게 되고, 변을 볼 때 너무 힘을 주어서 항문이 찢어질 수밖에 없었다.

쪼꼬렛 기브미이 먹던 것도 좋아요
쪼꼬렛 기브미이 먹은 것도 좋아요

어린 너구리들은 고사리 손을 내밀어 소나무 껍질 대신 오소리 장병들의 초콜릿을 받아먹었고, 그 후로 모든 것이 바뀌었다.

방송에서는 밤낮으로 오솔나라의 노래가 실려 나왔고, 어린 너구리들은 기타를 메고 서툰 오솔나라의 노래를 불렀다. 천만리 떨어져 있는 오솔나라 대통령들의 우수한 업적을 외우기 바빴다. 오어를 잘 익힌 자만이 출세했다. 부유한 너구리 집안은 너도 나도 오솔나라로 떠났고, 그렇지 못한 너구리들은 너굴나라에서 오솔나라의 친구임을 자처했다. 그런 불쾌한 기억을 가진 오어를 익히지 못한 대다수 너구리들이 실망하여 발길을 돌리려 하고 있었다.

흰코님은 때를 놓치지 않고 두 팔을 하늘로 올리며 외쳤다.

“저는 부자입니다. 이 너굴나라에서 가장 부자입니

오나라 TV
푸 시

다!”

“와아!”

“부자래.”

다시 너구리들이 몰렸다.

정말로 흰코님은 너굴나라에서는 둘째가라면 서러워 할 정도의 부자였다. 너굴나라 궁민들은 대대로 나라를 망친 부자를 끔찍이 싫어했지만, 또 죽어도 부자가 되고 싶었다. 흰코님이 부자라는 것은 그렇게 동전의 앞뒤처럼 많은 너구리들을 당혹스럽게 하였다. 부자라는 것이 가난한 것보다 몇 배나 듣기 좋았다. 마치 자신들이 부자가 된 양.

“큰 부자는 결코 가난한 너구리들을 속이지 않습니다. 저는 이제 더 이상 재물을 모을 생각이 없습니다.

저는 오직 더위에 지친 여러분에게 이 부채를 팔기 위해 이 자리에 섰습니다. 제 부채는 다른 이들이 파는 부채와 전혀 다릅니다. 이 부채는 대대손손 쓸 수 있습니다. 저를 믿어주십시오!"

흰코님은 열변을 토했다.

"흥, 부자를 어떻게 믿어."

그러자 여기저기서 다시 너구리들이 웅성거렸다.

"저 자가 어떻게 부자가 되었겠어?"

"빤하지. 가난한 너구리들 등골을 빼먹은 거야."

어떻게 할까?

흰코님은 다시 그 틈을 파고들었다.

그는 부자지만 가난하다고 말하기로 하였다. 가난과 눈물에 약한 것이 너굴민들의 공통분모였던 것이다. 더구나 서울광장에 모인 너구리들은 유독 눈물에 약했던 것이다.

흰코님은 다시 목소리를 높였다.

“저는 사랑하는 너굴나라의 동해 바닷가가 고향입니다. 저는 가난했습니다. 그곳에서 아주 어렵게 살았습니다. 다행히 오솔신을 믿는 어머니 덕분으로 너굴나라에서 좋다는 한 학교를 다닐 수 있었습니다. 눈물 없이는 말할 수 없는, 눈물 없이는 들을 수 없는 많은 사연을 가지고 있습니다.”

“부자라며?”

“옛날엔 가난했다는 말씀입니다. 지금은 아주 땅이 많습니다. 아주 열심히 일해서 땅을 많이 샀습니다.”

흰코님뿐만 아니라 모든 너굴민들에게 땅은 자식보

다 중요했다. 그들은 평생을 땅을 불리고 파는데 전념했다. 대부분의 너굴민 일생은 땅따먹기였다. 더구나 땅으로 거의 모든 너굴민들을 수탈하던 선조를 둔 후손들은 특히 땅에 관한 한 귀신이었다. 피는 속일 수 없었다. 그들은 조국과 민족을 들먹이며 땅을 사고팔았다. 그만큼 그들은 조국과 민족을 위해 땅을 사랑했다. 그들에게 땅은 땅이 아니라 하늘이었다. 흰코님 또한 이 땅을 너무 사랑했다. 그는 누구보다도 땅 전문가였다.

흰코님의 말에 군중들이 다시 진지하게 물었다.

"땅 전문가요?"

"그럼요."

"그러면 어리석은 너구리들 많이 속였겠구먼?"

"다시 한 번 말씀드리지만 저는 열심히 일했습니다. 저는 이 세상 그 누구도 속인 적이 없습니다."

"그 부채는 아무리 보아도 일주일 이상은 견디지 못할 것 같은데, 우리를 속이려는 것은 아니겠지?"

"감히 제가 이렇게 많은 너구리들을 어떻게 속이겠습니까?"

"우린 너무 많이 속았거든."

"저는 부채업계에서는 가장 뛰어난 영웅입니다. 이 부채 하나로 세계를 돌아다니며 무지막지한 돈을 벌었습니다. 세계의 지도자 그 누구도 저를 무시하지 못합니다."

말이 있는 곳이면 죽음을 불사하는 너굴민들, 더구나 서울광장에 모인 너구리들은 입만 열면 조국과 민족을 찾았다. 그들은 영웅이 많은 족속, 나라를 구한 장군이 많은 족속이 얼마나 많은 고난을 견디어야 했는지를 몰랐다. 못난 그들은 조국이라는 말을 들먹이면 일단 양은냄비처럼 튀었다. 저열한 지역주의의 근원이었다. 무엇이든 금을 그어놓고야 마는 망국병이었다.

흰코님은 그것을 알고 있었다.

그는 용감했다.

영웅이라면 사족을 못 쓰는 너구리들의 마음을 그는 훤하게 읽고 있었다.

"저는 부채 장수이기도 하지만, 지금 세계를 주름잡는 오솔나라의 오솔신을 믿고 있습니다."

흰코님의 고백은 곧 행운을 몰고 왔다.

너굴나라에는 오솔신을 섬기는 너구리들이 많았다.

그들은 무조건 같은 오솔교 신자인 흰코님을 믿었다. 또 다른 너구리들은 흰코님과 같은 고향이라고 믿었다. 그리고 부자 너구리들은 정말 오소리처럼 땅을 잘 판다는 소문이 있는 그를 믿었다. 모든 너구리들이 흰코님처럼 부자가 되기를 갈망했기 때문이었다.

그런데도 그들은 다시 한 번 물었다.

"당신을 정말 믿을 수 있겠소? 가난한 우리에게 10만원은 적은 돈이 아니오."

"여러분, 정확히 부채의 가격은 10만원이고 만약 100년 동안을 쓰지 못한다면, 제가 책임을 지겠습니다. 거듭 말씀드리지만 여기 모인 분들은 한두 분이 아닌데 어떻게 제가 여러분 모두를 속이고 살아남겠습니까? 7일 후에 이곳에 다시 오겠습니다."

마침내 부채는 부르는 값에 팔렸다.

한 너구리가 사기 시작하자 너도나도 경쟁적으로 부채는 팔려나갔다. 많은 너구리들은 부자 행상인 흰코님을 완전히 믿지는 않았지만, 부채가 터무니없이 비싼 것은 그래도 반드시 무슨 까닭이 있다고 생각했던 것이다.

그리고 흰코님이 약속한 7일 후.

다시 많은 너구리들이 서울광장에 모여들었다. 그런데 그들이 들고 있는 부채는 중심 부분이 3일 만에 떨어져 나갔고 일주일도 채 안되어 그 형태를 잃어버렸던 것이다. 분노한 너구리들은 모두 찢어진 부채를 들고 흔들었다. 흰코님을 성토하는 함성을 질렀다. 그러나 그 누구도 흰코님이 다시 나타나리라고는 생각하지 못했다. 흰코님은 벌써 부채를 판 엄청난 돈을 가지고 오솔나라로 가버렸다는 소문까지 돌았던 것이다.

그러나 너구리들은 다시 한 번 놀라고 말았다.

흰코님이 정확히 약속시간에 맞추어 광장에 나타났던 것이다.

광장을 메운 너구리들은 당황했다.

그렇지만 흰코님은 의기양양했다.

흰코님은 얼굴 가득 엷은 미소까지 머금었다.

"여러분 제가 왔습니다!"

"천하의 나쁜 놈, 여기 네 놈의 부채가 있다. 갈기갈기 찢어져 형태조차 알아볼 수 없다!"

부채를 산 모든 너구리들이 찢어진 부채를 흰코님에게 던지며 욕을 했다.

"7일 만에 저 모양이 되었는데 네놈은 100년 동안 보증한다고 했겠다. 네놈은 미친놈이 아니면 사기꾼이 틀림없지?"

그러나 부채 장수 흰코님은 겸손하게 대답했다.

"존경해 마지않는 너구리 여러분! 제가 보기에는 여러분께서 부채를 부치실 줄 모르는 것 같습니다. 이 부채는 꼭 100년 동안 무사해야 하고, 또 그렇게 보증되어 있습니다. 도대체 어떻게 부채질을 하셨습니까?"

흰코님은 오히려 성난 군중들에게 되물었다.

"이런 세상에, 이제 와서 새삼스럽게 부채질을 배워야 한다니!"

"제발 화를 내지 마십시오. 어째서 이 부채가 7일 만에 이 꼴이 되었습니까? 어떻게 부채질을 하셨기에 이 지경이 되었습니까?"

그러자 누군가가 찢어진 부채로 부채질을 하며 소리쳤다.

"이렇게 했다."

그제야 흰코님이 외쳤다.

"아! 이제야 이해할 것 같습니다. 이 부채는 절대로

그렇게 부채질을 해서는 안 됩니다."

"응?"

"도대체 그럼 어떤 다른 방법이 있단 말이냐?"

군중들은 다시 웅성거렸다.

흰코님이 웃었다.

그리고 조용히 말했다.

"여러분 부채는 가만히 머리 앞에 두시고 이렇게 머리를 좌우로 움직이셔야 합니다. 그럼 부채는 100년 동안 아무 탈 없이 무사할 것입니다. 그렇게 하면 여러분이 이 세상을 떠나시더라도 부채는 그대로 보존될 것입니다. 부채에는 아무런 하자가 없습니다. 부채를 사용하는 여러분의 방법에 잘못이 있었던 것입니다. 기억하십시오. 꼭 부채는 가만히 놔두시고 머리를 좌우로

움직이십시오. 보시다시피 이 부채의 어디가 잘못되었다고 하십니까? 잘못은 여러분들에게 있습니다."

"뭐야!"

"저런!"

그러나 대다수 너구리들은 흰코님의 일리 있는 말에 할 말을 잃고 너털웃음을 짓고 말았다. 박수를 치는 너구리들도 있었다. 물론 게 중에 현명한 몇몇 너구리들이 부채값을 돌려달라고 아우성을 쳤지만, 흰코님은 더 많은 너구리들의 지지를 받고 단 한 너구리에게도 돈을 돌려주지 않았다. 그가 흰코님이다.

탁월한 능력이었다. 그가 추장이 된 이유도 바로 거기에 있었다. 흰코님은 그렇게 부채를 판 돈으로 너굴나라의 추장이 되었다. 믿을 수 없는 일이었다. 그토록

결점이 많은 그가. 그러나 그것은 무엇보다도 흰코님이 부자였기 때문이었다. 가난한 너굴민들은 흰코님처럼 부자가 되고 싶었던 것이다. 그 모든 거창한 윤리와 도덕은 안중에도 없었다. 작금의 너굴나라에서는 땅이, 돈이, 오어가 황제였다.

그래서 궁민을 입에 달고 사는 정치 너구리들은 말할 것도 없고, 강 건너 땅 투기로 부자가 된 너구리들, 하다못해 바보상자에 조금이라도 나오는 광대 너구리들까지 새끼들을 모두 오솔나라로 보냈다. 오어를 가르쳐 너굴나라에서 행세하기 위해서였다. 그리고 바보상자에 나가 자신들이 불쌍한 기러기 아빠라고 호들갑을 떨었다.

그들은 외로움을 달래기 위해서라며 제 키보다 높은

오나라

골프채를 흔들며 진초록의 잔디가 깔린 필드를 돌아다녔다. 털이 북실북실한 꼬리를 살랑살랑 흔들며.

가엾게 새끼들을 오국으로 보내지 못한 너구리들은 그나마 국내에서나마 오어를 잘 가르치겠다고 새끼 너구리의 혓바닥을 수술하는 어미까지 있었다.

그들은 100여 년 전 오로지 자신들의 영달을 위해 이웃나라에게 이 강토를 송두리째 팔아먹은 후예들이었다. 아니면 자신의 영달에 눈이 먼 방조자들이었다. 너굴나라를 반 토막 낸 너구리들이었다. 그들에게 다시 100년 만에 기회가 온 것이다.

떼놈들이라고 욕하면서도 수백 년 동안, 아니 천년 이상을 상전으로 떠받들던 큰나라도, 왜놈이라고 얕보다가 처참하게 유린당한 섬나라도 물러간 땅에, 다시 머나먼 태평양 건너 오솔나라가 자리잡은 것이다.

늘 그랬지만 일반 너구리들은 불행했다.

몇몇의 배부른 너구리들은 끼리끼리 결혼했고, 끼리끼리 신문을 냈다.

햇님은 붉다.

햇님은 하얗다.

이렇게 한 가지 사안을 놓고도 저마다 해석이 달랐다.

어쨌든 그때부터 너굴나라는 부채가 너구리들을 부치지 않고, 너구리가 부채를 부치는 이상한 나라가 되어가고 있었다.

2

푸른궁전에서

묻노라 불나비야 네 뜻을 우리 몰라라
한 나비 죽은 뒤에 또 한 나비 따라오니
아무리 하찮은 곤충인들 너 죽는 줄 모르느냐
– 흰코님의 동지들에게

추장 선거가 끝난 다음.

흰코님은 푸른궁전에서 성명을 발표했다.

"가난한 너구리는 대체로 게으르고 무책임하며 신용이 떨어진다. 그들은 항상 능력 있는 부자를 비난한다. 부자는 우선 성실하고 부지런하고 신뢰성이 강하므로 부자가 되었다. 즉 도덕적이기 때문에 부자가 된 것이다. 물론 예외적으로 속임수와 뇌물로 부자가 되는 경우가 있기는 하지만 나는 대체적으로 부자를 사랑한다. 부자를 사랑하는 나라는 행복하다."

그래서 그동안 불행했던 궁안은 행복했다. 궁밖 또한 행복했다. 행복하지 않은 너구리는 아무도 없었다. 모두가 행복했다. 당연히 궁민들은 태평하고 시절은 좋았다.

이제 흰코님은 흐뭇하게 웃을 수 있었다. 그는 많은 너구리들의 이름을 기억하고 있었다. 절대로 잊혀지지 않는 얼굴들 — 떠벌이들, 그리고 비열하고 무책임한 선동주의자들 — 그들은 항시 문제에 문제를 달고 다녔었다. 흰코님의 재산이 어쩌고, 저쩌고, 오솔신을 믿는 오솔나라의 앞잡이라고 목소리를 높였었다. 그러나 그런 너구리들은 거의 하나도 남김없이…… 때로는 비밀스럽게, 때로는 공개적으로 아주 무자비하게 사라져갔다.

흰코님은 아주 행복했다. 자신들의 입장을 대변해줄 오솔나라의 무지막지한 지원이 있기도 하였지만, 대부분의 가난하고 불행했던 너구리들은 무조건 배부르고 등 따스운 선택을 한답시고 흰코님을 선택한 것이다.

흰코님은 행복에 겨워 높아만 가는 가을의 하늘을 바라보며 지난날 자신을 괴롭히던 수많은 재산과 명예를 다시 움켜쥐고 조용히 웃었다.

조심조심 그 많은 지뢰밭을 건너왔다는 것이 믿기지 않았다. 자칫 잘못해서 추장 선거에서 졌다면 평생 모은 재산마저 뺏기고, 가장 더러운 이름으로 역사에서 영원히 사라질 뻔하지 않았는가. 그는 이제 당당하게 모든 너구리들이 인정하는, 아니 인정하지 않아도 의원인 것이다. 그 자신도 까닭을 알 수 없지만, 어쨌든 그는 이 나라 최고의 의원이 된 것이다. 모든 너구리들의 가난을 치료할 수 있는.

그는 목에 힘을 주며 부하들을 독려했다.

“흐흐, 요컨대 가난한 너구리들이 부자를 지지하는 이유는, 그들이 부자를 좋아하기 때문이다. 부유함이나 풍요로움 같은 부자의 가치를 좋아하기 때문이다. 가난한 너구리들은 적지 않은 부자들의 적당한 부패와 위선과 거짓을 즐긴다는 사실을 잘 알고 있다. 하지만 그들은 이에 대해 조금의 문제의식도 갖지 않는다. 그저 부자라면 그 정도 거짓은 저지를 수 있다고 생각하는 거다. 이 자본주의 사회에서 훌륭하게 입신에 성공한 저 부자들은 그만한 권리와 폭력을 응당 행사해도 된다고 생각하는 거다. 흐흐, 그래서 이제 우리 너굴나라는 행복해질 수 있다.”

흰코님은 또한 강자를 사랑했다.

그는 자신이 약한 너구리라는 것이 부끄러웠다.

당연히 그는 너굴신을 믿지 않았다.

그는 오소리가 되고 싶었다.

그래서 오솔신을 믿었다.

흰코님은 곧바로 자신의 계획에 착수했다.

"이 나라는 오직 오솔신만을 믿는 나라가 되어야 돼. 그러면 하늘에서 꽃비가 내리지."

그러나 하늘에서 꽃비가 내리는지는 몰라도 푸른궁전 궁밖은 꽃이 피지 않았다. 밀밭 가을이 일렁여도 눈은 내리지 않고 또 내리지 않았다. 민들레 한철 봄날이 지나도, 비는 내리지 않고 또 내리지 않았다. 세월은 바람도 아니고, 구름도 아니었다. 그저 그렇게 흘러간 것뿐이었다. 성안은 불행했다. 성밖 또한 불행했다. 불행하지 않은 너구리는 아무도 없었다. 모두가 불행했다. 당연히 궁민들은 불안하고, 시절은 나빴다.

그래서 흰코님은 지하 동굴 회의를 열었다. 그런데 그들이 왜 굳이 어두운 지하 동굴에서 회의를 여는지는 아무도 몰랐다. 어쨌든 너굴나라를 진정으로 걱정한다는 너구리들의 회합장소였다. 그렇지만 아무나 들어올 수 있는 자리가 아니었다. 오직 흰코님에게 총애를 받는 오소리화된 너구리들만 참석할 수 있었다.

“길을 가로막는 전봇대는 뽑고, 빈민촌은 모두 철거하시오.”

눈치 없는 부하가 알분을 떨었다.

“그러자니 가난한 너구리들이 자꾸…….”

부하의 말은 이어지지 못했다.

“아직도 내 말을 못 알아듣소?”

놀란 부하가 고개를 조아렸다.

부하를 바라보는 흰코님의 눈에 불꽃이 튀었다. 흰코님은 가난한, 항상 징징대는 못난 너구리들의 이야기만 들어도 짜증이 났다.

"내 앞에서 가난한 너구리 얘기는 하지 마시오. 우리 너굴나라를 대표할 수 있는 너구리들은 고작 전 너굴 수의 1%도 되지 않습니다. 난 그들을 위해 최선을 다할 것이오."

부하 너구리는 그 자리에서 옷을 벗을 수밖에 없었다.

"광장은?"

"거의 다 장악했습니다. 누구도 길거리에서 집회를 열 수 없습니다. 못난 너구리 한 명당 10명의 경찰들을 배치했습니다."

"그것 가지고는 안 되지."

"그래서 어린 너구리들 심화교육에 들어갔습니다. 처음부터 잘 할 놈, 못할 놈을 가려서 줄을 세워야 합니다."

"그 기준은?"

"물론 오어입니다."

흰코님의 입이 벌어졌다.

"오솔나라는 물론이고, 내가 세계 지도자들을 많이 아는데 그들 모두 오어를 씁니다. 우리가 살 길은 오어뿐입니다."

"알겠습니다. 지시하신 대로 시행하겠습니다."

"말을 듣지 않는 선생들은?"

"모두 잡아채고 있습니다."

흰코님은 푸른궁전의 오솔교당에서 밤낮으로 기도했다.

"오솔신을 믿는 오솔교당의 전국 지도를 만들겠습니다. 그리고 우리 너굴나라의 오소리화를 위해 밤낮으로 기도하겠습니다."

오솔교를 믿는 신도들이 만세를 불렀다.

그래서 전국 곳곳에 있던 천년 이상 된 너굴신의 동상들이 파괴되었다.

흰코님은 또 명령했다.

"이 나라 모든 훈장들을 오어를 하는 자들로 구성하라!"

흰코님은 너무 흐뭇했다.

이제야 자신이 그토록 바라던 세상을 열심히 가꿀 수 있었기 때문이었다.

“나는 오어를 하는 전 세계 우두머리를 알아. 오어만이 살 길이야. 또 한 가지, 내가 다닌 학교는 아무나 들어가면 안 돼. 처음부터 정예화된 어린 너구리들만 보내. 자유롭고 평등한 세상은 오지 않아. 줄을 세워.”

어린 너구리들은 오어와 산수로 서열이 매겨졌다.

평생을 따라다닐 족쇄였다.

흰코님은 푸른궁전의 간부들을 임명했다. 거의 모두 그의 어머니가 모시던 오솔교 신도와 그가 다닌 학교, 그렇지 않으면 그와 같은 곳에서 태어난 자들이었다. 그에 해당하는 자들은 만세를 불렀다. 흰코님을 위하여.

그들이 흰코님을 위해 만세를 부르는 사이 궁밖에서는 못난 너구리들이 죽어나갔다. 오어에 서툰 너구리들은 집에서, 직장에서, 나라에서 쫓겨났다. 그나마 살아남은 자들은 서울광장에 모여서 집회를 열었다. 흰코님을 성토하는 피켓을 들었다.

흰코님은 당황했다.

흰코님은 오솔나라의 어려움을 호소했다. 오솔나라 형편이 나아지면 너굴나라도 잘 살 수 있다는 논리였다. 그러나 그 순간에도 흰코님은 할 일을 했다. 흰코님의 오솔나라 사랑에 반대하는 너구리들은 감옥에 갔다. 서울광장에는 항상 경찰이 있었다. 그들은 입이 빠르거나 펜힘이 굵은 요주의 너구리들의 뒤를 캐기에 여념이 없었다.

다시 푸른궁전의 비상 시국회의.

모두 오소리화된 너구리들의 회합이었다.

눈들이 빛났다.

정말 그들은 오소리였다.

“병 난 오솔나라의 고기를 먹지 않겠다고 시작한 촛불집회, 재개발에서 밀려난 가난한 굴산 너구리들의 죽음, 덧없이 불탄 제일의 국보 남대문이 모두 불로 인해 생긴 일입니다. 어떻게 할까요?”

모두들 흰코님을 쳐다봤다.

그러나 흰코님은 직접 말하지 않았다.

다만 근엄한 얼굴로 부하들을 지켜보았다.

그 때 제법 영리한 부하 하나가 흰코님의 가려운 곳을 긁었다.

"물이 필요합니다."

흰코님의 입이 함지박처럼 벌어졌다.

"그렇지. 불은 물로 받아쳐!"

그래서 흰코님의 부하들은 가난한 너구리들의 눈물로 불을 껐다.

그 후로 흰코님의 푸른궁전에서는 언제나 행복한 집회만 열렸다.

"궁민은 하늘입니다."

"궁민은 대지입니다."

부하 너구리들은 그가 말하는 대로 잘도 손뼉을 치고 있었다. 그것을 지켜보는 흰코님은 고개를 끄덕이며 웃었다.

"궁민이 절망에 빠져 있을 때, 옳게 행동하는 것은

대장부의 명예를 빛내는 것이니 힘을 주어 해야 하며, 한편으로는 망설이다가도 궁민들의 고통을 다시 생각하여 반드시 결행해야 합니다. 반드시 결행해야 합니다."

다시 박수가 쏟아졌다.

"가령 어떤 너구리가 왼쪽 등에 나라를 업고, 오른 어깨에 궁민을 업고서 오솔산을 백번 천번 돌아서 가죽이 터져 뼈가 드러나고, 뼈가 닳아 골수가 드러나더라도 궁민의 깊은 은혜는 갚을 수 없습니다."

흰코님은 그렇게 너구리들이 모인 곳에서는 항상 너굴나라의 앞날을 걱정했다. 그것은 그의 특기였다. 모두 오솔신을 믿는 오솔교당에서 배운 것이었다. 오솔교당에서는 늘 감사와 회개의 시간을 가졌다.

세상에 하나밖에 없는

오솔신이시여.

……

부디 우리 너굴나라를 보살펴주소서.

간혹 가뭄에 콩 나듯, 흰코님에게도 비교적 생각 있는 부하가 있었다.

"왕의 신하 가운데 자기 처자를 맡기고 외국에 간 이가 있었는데, 돌아와 보니 그 친구가 처자를 추위에 떨고 굶주리게 하고 있다면, 어떻게 하시겠습니까?"

"마땅히 절교를 해야지."

"법관이 부하들을 제대로 다스리지 못한다면, 어떻게 하시겠습니까?"

"당연히 파면해야지."

"나라가 제대로 다스려지지 않는다면 어떻게 하시겠습니까?"

흰코님은 당황하여 좌우에 있는 너구리들을 돌아보며 다음과 말을 하였다.

"자아, 우리 오솔신을 위해 기도합시다."

이렇게 흰코님은 기도의 대가였다.

그는 옳든 그르든 자신에게 충성을 다하는 부하들을 칭찬하고, 격려했다.

부하들은 그의 현명함에 고개를 숙였다.

그는 언제나 그날의 수업성과를 보고받는 것으로 일과를 끝막음 하였다. 세심한 그는 일일이 그날의 수업 내용을 일별하였고 다음날 시행할 교육지침까지 하달

하였다.

흰코님은 점점 오소리화되어 가는 부하들과의 시간을 특별배당하고 있었다. 오직 부하들과 흰코님만의 시간이었다. 나약한 부하들의 심기를 북돋아주기 위한 흰코님의 배려였다.

그것은 그를 추앙하는 부하들이 가난한 너구리들과의 투쟁이라는 중압감에서 해방되는 너무도 달콤한 시간이었다. 물론 흰코님 또한 부하들과의 시간이 기다려졌다. 그의 부하들은 궁전 안팎 어디나 마음대로 돌아다닐 수 있었다. 흰코님만이 출입하는 '흰코의 동산' 의 무상출입이 허용되었던 것이다.

그러나 흰코님과 그를 따르는 부하들, 그들만이 푸른궁전에서의 즐거움이 그리 오래가지 못한다는 것을 알지 못했다. 그들은 천세만세 푸른궁전을 자신들 것이라고 생각했다. 더구나 부하들은 흰코님을 역대 너굴나라의 '최상의 경세가'로 명명했다. 당연히 흰코님의 입은 항상 벌어져 있었다. 부하들은 여기서 그치지 않았다.

"지금 비록 우리 동지들이 욕을 먹고 있으나 그 정의감은 하늘을 찌를 만합니다. 더욱이 과거가 있는 흰코님이 지금처럼 그들을 고무하면 장차 정의로운 나라를 이루는 데 큰 보탬이 될 것입니다."

근엄한 흰코님은 못 마시는 술을 밤새도록 마셨고, 그의 심복 하나가 흰코님의 손을 잡고 울었다는 것을 궁전의 누구도 모르는 너구리는 없었다. 그 아름다운 정경은 궁전 밖 너구리들의 입에까지 오르내렸던 것이다. 진정한 너구리, 비록 때 묻은 과거가 있기는 하나 지혜로운 영웅, 그전까지 나돌던 흰코님에 대한 소문—.

그것은 까맣게 잊혀졌다.

3

우리는 오솔어가 싫어요

쥐 잡은 솔개야 배부르다 자랑마라
맑은 강 여윈 학이 굶주린다고 부러워할소냐
내 몸이 한가하면 살 못 찐들 어떠리
– 강 남녘 너구리들에게

어느 초등학교 교실.

난데없이 경찰이 왔다.

아이들이 울었다.

"엉엉."

"엉엉."

경찰들이 눈을 부라렸다.

"나가요!"

"전 잘못한 것이 없습니다."

여선생도 울었다.

"울 짓을 왜 해?"

두 경찰이 여선생의 양쪽 팔을 잡아챘다.

"아이들을 두고 나갈 수 없습니다."

"우리도 당신 같이 자격도 되지 않는 선생을 두고

그냥 갈 수 없소. 당신 같은 선생 때문에 우리 아이들이 경쟁력이 없소. 오솔어도 모르는 주제에 선생질을 하려거든 입이나 다물고 있지. 위대하신 흰코님은 장차 오솔어를 모르는 모든 선생들을 내쫓을 방침이야. 누구든 이 방침에 거역을 하는 자는 모두 이 꼴이 될 거요. 찬바람 부는 길거리에 나가봐야 정신을 차리지."

경찰들은 웃고 있었다.

불쌍한 여선생은 끝내 끌려 나갔다.

흰코님의 획일적인 일제고사와 오어 몰입교육에 반대한 탓이었다.

주위의 선생들 누구도 만류하지 않았다.

그들은 다음엔 자신들이 당하는 줄도 모르고, 가엾은 여선생을 바라보며 한 마디 보탰다.

"눈치 없는 것. 저만 손해지."

그것은 사실이었다. 그렇게 학교에서 쫓겨난 선생들은 피켓을 들고 거리로 출근했다. 그렇지만 많은 너구리들은 관심조차 없었다. 모두 제 살기에 바빴던 것이다.

학교에서 쫓겨난 어리석은 몇몇 너구리 선생들은 학교 앞에 천막을 쳤다.

매서운 겨울.

저희들을 학교로 돌려보내 주세요.

그들은 피켓을 들고 눈물을 흘렸다. 그러나 흰코님의 부하들은 그 불쌍한 선생들을 학교로 들여보내지

차 카 게 살 자
오어 몰입 학교
참너굴학
참너굴교육
저희를 학교로
보내 주세요

않았다. 세계를 전쟁 속으로 몰아넣은 망나니 카우보이, 흰코님이 추앙해 마지않던 오솔나라 추장 부코님처럼 그 또한 나라 전체 아이들에게 서열을 매기고 싶었다. 이 세상 어디에도 쓸모가 없는.

그 이름조차 더러운 일제고사는 흰코님의 신념이었다. 그러나 그러는 사이 사교육비는 하늘 높은 줄 모르고 치솟아 올랐고, 전국의 어린 너구리들은 지옥 같은 시간을 보내야 했다. 흰코님의 실정이 많지만 특히 바른 선생들을 학교에서 강제로 몰아낸 것과, 신성한 학교를 알량한 산수와 오어로 줄을 세운 것은 두고두고 역사에 남을 죄목이었다. 제정신이라면 초등학생의 고사리 손에다가 서열의 낙인을 찍을 수는 없었다. 정말로 그가 너굴나라를 사랑한다면 저지를 수 없는 천인

공노할 만행이었다.

그런데도 그는 밀어붙였다. 출세에 눈이 먼 많은 너구리 부모들 또한 자신의 새끼들을 미련 없이 그 불지옥 속으로 밀어 넣을 준비가 되어 있었다. 특정 지역의 특정 세력, 그들이 흰코님의 가장 강력한 지지자들이었다. 대부분 검은 돈으로 뱃속을 채운 졸부들이었다.

그 와중에 속칭 오솔나라의 원어민 선생이 왔다.

어린 너구리들은 푸른 눈의 오소리 선생이 두려워 몸을 떨었다.

어린 너구리들은 언제 잡아먹힐지 모른다는 생각을 하고 있었다.

아직 너굴나라 국어도 제대로 하지 못하는 아이들이었기에.

어린 너구리들은 웅성거렸다.

"무서워요. 우리 너굴나라 선생님을 보내 주세요."

오소리 선생님은 서툰 너굴어로 어린 너구리들을 안심시켰다.

"겁내지 마세요오. 나는 요러분덜에게 오어를 가르치기 위해 머나먼 태핑양을 건너 오솔나라에서 온 데니스 존이라고 합니더. 나는 아주 솔직함더. 사실 나는 우리 오솔나라에서 제대로 배우지 못했슴다. 저는 오직 우리 모국어인 오소리 말을 할 줄 밖에 모릅니다. 그런데도 요로분의 너굴나라에서는 아주 최고의 대우를 해줍니다. 그들은 누구나 오어를 사랑합니더. 흐흐. 나, 내나라 싫어요오. 나, 내나라 절대로 가고 싶지 않아요오. 지금 세상에 오어를 배우지 않으면 요로분은

용원히 바보가 됩니더. 오어는 이 세상에서 가장 고급어여요. 얼마 있지 않아 오어는 만국 공용어가 될곱니더. 나는 요로분의 추장인 흰코님의 지시에 의해 이 너굴나라에 왔슴다. 환영해 주세요오."

그러나 많은 어린 너구리들은 울고 있었다.

오어를 모르는 너구리들이었다.

집이 가난해서 오어서당에 다닐 수 없었다.

어린 너구리들은 주눅이 들어 있었다.

몇 되지 않는 오어에 능통한 너구리들이 대부분의 너구리들을 놀렸다.

"너굴나라에서 가장 바보는?"

"오어를 모르는 너구리."

많은 너구리들이 고개를 떨구었다.

오어서당

어린 너구리들을 괴롭히는 것은 오어뿐만이 아니었다. 거의 모든 어린 너구리들이 책 무게에 눌려 허리가 휘어졌다. 그들은 새벽에 학교로 가서 자정이 되어서야 집으로 돌아왔다. 하늘 한번 쳐다보지 못했다. 흰코님이 추장이 된 이후 어린 너구리들은 숨을 쉴 수 없었다. 어린 너구리들은 흰코님에게 편지를 썼다.

"저희가 바라는 세상은 서당에 다니지 않고 공부할 수 있는 곳입니다. 오어가 없는 곳입니다. 초등학교 때만이라도 오어에 짓눌리지 않는 학교입니다. 그 곳은 어린이와 선생님만 있는 곳으로 무섭지도 않고, 어딜 가도 안전한 우리 너구리들만의 세상입니다. 어린이 유괴 같은 것도 없고, 학습지도 없고 어른들의 간섭 또한 없는 곳입니다. 친구들과의 헛된 경쟁이 없는 곳입니다. 우리는 산수와 오어 성적으로 줄을 세우는 그런 나라에 살고 싶지 않습니다. 그러나 지금의 흰코 추장님은 진정으로 우리의 추장이 아닙니다. 오솔나라의 오솔나라를 위한 오소리화된 몇몇의 너구리들을 위한 추장입니다. 우리는 오어가 싫어요. 정말 싫어요. 오어를 하고 싶은 아이들만 하게 해주세요. 믿기지 않으시면 우리 교실에 와서 우리들의 이야기를 들어보세요. 살려달라고 살려달라고 비명을 지르는 생지옥이 지금 우리 너굴나라의 교실입니다."

그러나 흰코님은 더 용감해지기로 하였다. 그는 오히려 그가 철썩 같이 믿는 오솔나라의 모국어, 즉 오어를 전 궁민들에게 가르쳐야 한다고 선포했다. 그것이 가난한 너구리들을 제압하는, 오솔신을 섬기기 위한,

선제전략이었다. 오어만 퍼뜨려놓으면 자연히 너구리들은 오솔나라를 상전으로 모시고, 오솔교를 믿게 되어 있었다.

“우리가 꼭 오어를 해야만 행복해집니까?”

“우리는 너구리들이에요.”

그러나 그런 바보 같은 너구리들의 넋두리는 흰코님의 다음 한 방에 무너졌다.

“오어를 하지 않는 선진국은 없습니다. 오어를 쓰지 않고는 가난을 떨칠 수 없습니다. 오어를 하는 것만이 가난을 대물림하지 않는 지름길입니다.”

그런 식의 논리라면 오어가 모국어인 오솔나라와 캥걸나라는 세상에서 가장 행복한 나라여야 했다. 그러나 실상은 전혀 그렇지 못했다. 말도 되지 않는 멍청한

발상이었다. 그런데도 흰코님의 든든한 버팀목이 되는 부자 너구리들은, 가난하지만 부자가 되고자 하는 너구리들은, 오어를 배우지 못해서 안달이었다. 대대로 다른 나라의 눈치를 보고 살아야 했던 세월이 그렇게 바보들의 나라를 만든 것이다.

흰코님의 강력한 뜻에 따라 오어만을 가르치는 특수 학교가 속속 늘어났다. 대개의 가난한 너구리들은 감당하지 못할 금액의 학비가 있어야 했다. 오직 오소리화된 강 너머 너구리들만이 들어갈 수 있는 학교였다.

오소리화된 너구리들은 신바람이 났다. 가난한 너구리들의 자식이 맨발로 뛸 때 자기 자식들은 오토바이나 자가용으로 달릴 수 있게 된 것이다. 승부는 이미 처음부터 결정된 일이었다.

그렇게 오소리화된 너구리들은 그 옛날 나라를 망친 그들의 선조가 한 방식을 그대로 답습하고 있었다. 오직 자기 자손들만 글을 알도록 했던 바보 너굴나라의 선조들. 그들은 대대로 점령국의 언어를 배우는데 골몰하다가 결국 나라를 빼앗기고 만 장본인들이었다.

그런데 이번엔 오소리화된 자들이 다시 날뛰었다. 그나마 작은 나라를 반 토막으로 나눠서 사용하면서도 아직도 정신을 차리지 못한 것이다. 노래, 영화, 심지어 소설까지 오어로 쓰자는 작자가 나타났다.

그것을 부추기는 신문도 있었다. 말로는 민족과 국가를 외치지만 돈벌이를 하자는 속셈에서였다. 모두 오래 전에 오소리화된 자들이었다. 그들은 신문 사이사이에 오어만이 살 길이라며 사설의 오어서당 홍보물을 배포하여 돈을 챙겼다. 흰코님은 그들을 아주 좋아했다. 부자였으니까.

그들은 어느 나라가 들어와도 부자였다.

흰코님은 다시 외쳤다.

"지금은 세계화의 시대입니다. 오어만이 살 길입니다."

사실 옛날의 너구리들은 대국만이 살 길이라고 외쳤던 것이다. 물론 이웃 섬나라의 식민지였던 시절, 섬화된 너구리들 또한 섬나라만이 살 길이라고 외쳤었다.

당연히 지금 오소리 나라를 좇는 강 남쪽의 오어를 가르치는 자들의 만세소리가 전국을 울렸다. 전국은 오어 배우기 간판으로 뒤덮였다. 오어를 하지 못하는 자는 아무것도 할 수 없었다. 너도 나도 오어를 배우기 위해 오어서당으로 몰렸다.

오어 훈장들은 흰코님을 위해 동상을 세우기로 하였다.

"동상에 쓸 말이 있어야 합니다."

그들은 의견을 모았다.

"아주 이번에 오어로 하면 어떨까요?"

"만세!"

"만만세!"

만장일치로 흰코님의 동상 밑에 다음과 같은 오어가 씌어졌다.

We erect this statue to pay a tribute

to the memory of the great "economic" president

오
동상
제막식

who saved the collapsing raccoon country

and turned back the clock to reclaim the "lost 10 years"

– The National Schoolmaster's Association for Badger Language Learning

무너져가는 너굴나라를

살린 위대한 경제 대추장

잃어버린 10년을 찾아준

흰코님. 그를 위하여 이 동상을 세운다.

– 전국 오어서당 훈장연합회 일동

4

일곱 개의 흩날리는 삐라

소경이 야밤중에 두 눈 먼 말을 타고
외나무 썩은 다리를 앙감장감 건너가니
그 아래 돌부처 서 있다가 앙천대소하더라
– 다시 흰코님에게

아무리 울어도, 간청해도 흰코님은 자신의 길을 갔다. 열심히.

할 수 없이 흰코님을 반대하는 자들은 삐라를 뿌렸다.

흰코님만 모르고 너굴민이면 아이들도 모두 알고 있는 7가지의.

1

흰코님이 강을 건너려는데 커다란 개구리가 앞에 있었다.

물에 빠져도 죽지 않을 깊이였지만 흰코님은 털을 적시기 싫었다.

개구리를 타기로 결심했다.

그래서 개구리에게 태워달라고 부탁하였다.

그러자 개구리는 흰코님이 독침으로 쏠 위험이 있으니 그러지 못한다고 하였다.

너구리지만 흰코님에게는 전갈 같은 독침이 있다고 들었던 것이다.

"흰코님이 독침을 가지고 있는 것을 저는 알고 있습니다."

흰코님이 말했다.

"강을 같이 건너는 도중에 독침을 쏘면 우리 둘 다 죽는데 어떻게 독침을 쏘느냐?"

개구리는 그 말을 믿고 흰코님을 등에 태우고 강을 건너기 시작했다. 거기까지는 아무 일이 없었다. 그러나 강을 반쯤 건넜을 때 난데없이 커다란 물결이 치자 당황한 흰코님은 자신도 모르게 개구리 등에 독침을 쏘았다. 몸이 마비된 개구리는 물속으로 가라앉으며 흰코님에게 물었다.

"아까 쏘지 않는다고 말하지 않았습니까? 독침을 쏘면 둘 다 죽는데 왜 쏘았습니까?"

흰코님은 조용히 대답했다.

"그게 내 천성인데 어쩌겠느냐."

2

네 너구리가 여행을 하고 있었다.

한 너구리는 엄청나게 배웠다고 자랑하는 너구리였

고, 나머지 세 너구리는 그저 평범한 너구리였다. 스스로 잘난 너구리는 으스대며 앞장을 섰다. 이렇게 세 너구리는 한 너구리로부터 심한 천대와 멸시를 받으며 걸었다.

그런데 그들이 어느 숲속에 도달했을 때였다.

그들이 가는 길 위에 죽은 사자가 누워 있었다.

잘난 너구리는 온갖 지식과 기술을 총동원한다면 이 사자를 분명히 살려낼 수 있다는 결론을 내렸다. 아주 자신만만했다.

"이렇게 용감하고 훌륭한, 그리고 잘난 사자를 그냥 이대로 죽게 할 수는 없지. 난 나와 같이 영웅의 기지를 가지고 있는 것들을 좋아하지."

평범한 너구리들이 말했다.

"당신의 지식과 기능은 대단하지만 사자만은 살리지 마시오. 왜냐하면 그것이 살아나면 먼저 우리부터 잡아먹을 것이기 때문이오."

그런데도 그는 사자를 살리는 작업을 시작했다. 이제 곧 사자가 살아날 순간이었다. 그러자 평범한 너구리들이 황급히 다시 한 번 그를 만류하며 통사정을 했다.

"당신의 지식과 기술은 실로 인간의 경지를 넘어서고 있습니다. 다른 것은 몰라도 사자만은 살리지 말아주시오."

그는 스스로 너무나 똑똑하다고 생각했기에 남의 말을 귀담아 듣는 법이 없었다.

그는 평범한 너구리 셋을 비웃었다.

"겁 많은 것들, 못난 것들! 모든 결정은 내가 한다. 아무 걱정할 것 없어. 이 사자가 살아나면 난 이 사자를 타고 갈테니까."

그리고는 계속해서 그는 사자를 살리기 위해 혼신의 힘을 쏟았다.

평범한 너구리들은 하는 수없이 조마조마한 심정으로 그의 작업을 바라보았다.

그리고 드디어 잘난 너구리는 사자를 살려내고야 말았다.

"어흥!"

살아난 사자는 한 번 우렁찬 포효를 하더니 평범한 너구리들을 모두 잡아먹고 말았다.

물론 그 잘난 너구리는 재빨리 옆의 나무로 올라가

혼자만 살아남았다. 그가 흰코님이었다.

흰코님은 웃으며 중얼거렸다.

"난 역시 못난 것들과는 달라."

3

너굴나라 너구리 가운데 금에 욕심이 많은 너구리가 있었다.

그는 이른 아침에 의관을 걸치고 시장에 갔다. 그리고 금을 파는 가게를 찾아가 금을 훔쳐가지고 달아났다.

포졸이 그를 붙잡은 다음에 물어보았다.

"흰코야, 여러 너구리들이 보고 있는데도 남의 금을

훔쳐갈 생각이 나더냐?"

"금을 잡는 순간에는 너구리들이 보이지 않고 오직 금만 보였습니다."

4

흰코님이 북쪽 철원 지방으로 시찰을 나갔을 때 그가 탄 수레의 바퀴자국으로 움푹 패인 곳에 붕어가 울고 있었다.

인정 많은 흰코님이 물었다.

"붕어야, 무슨 일로 그러느냐?"

붕어가 두 손을 비비며 호소했다.

"남쪽 너굴나라 위대하신 추장 흰코 너굴님, 나는

동해 파도의 신입니다. 추장께서 지금 한 바가지의 물만 내게 부어주면 나를 살릴 수 있을 텐데, 그래 주시겠소?"

흰코님은 웃었다.

"물은 제 전공입니다. 제가 지금 남쪽의 부산으로 가는 길인데 그곳 낙동강의 물을 밀어 보내 그대를 맞게 해주겠소."

그러자 붕어가 죽어가면서 말했다.

"나는 늘 나와 함께 했던 물을 잃었기 때문에 있을 곳이 없을 뿐이오. 그러니 나는 한 바가지의 물만 있으면 살아날 수 있습니다. 그런데 추장께서는 그렇게 말하다니 차라리 나를 건어물전에 가서 찾는 게 나을 거요!"

5

깊은 산속의 마술사 앞으로 갑자기 작은 생쥐 한 마리가 획 지나갔다. 그 생쥐는 솔개에게 쫓기고 있었다. 솔개가 생쥐를 날카로운 발톱으로 낚아채려는 순간, 마술사가 솔개를 잡아서 생쥐를 구해 주었다. 그리고 마술사는 겁에 질려 있는 생쥐를 자기의 오두막집으로 데리고 가서 먹을 것을 주었다.

그런데 이번에는 고양이가 나타났다.

수염을 빳빳이 치켜들고, 꼬리를 꼿꼿이 세운 고양이가 생쥐에게 다가오고 있었다. 또다시 마술사는 생쥐의 목숨을 구해 주기 위해서 요술을 부렸다. 벌벌 떨고 있는 생쥐를 힘센 고양이로 둔갑시켰다. 그날 밤,

마술사가 안심하고 잠자리에 들려고 하는데, 숲에서 늑대들이 짖어대는 소리가 들렸다. 그러자 그 전에 생쥐였던 고양이는 기가 죽어서 침대 밑으로 기어들어가 숨어버렸다. 그래서 마술사는 생쥐를 고양이보다 훨씬 큰 늑대로 다시 둔갑시켜 주었다. 다음 날.

생쥐에서 고양이로, 고양이에서 다시 늑대로 변한 그 생쥐가 숲속을 돌아다니고 있을 때, 굶주린 호랑이 한 마리를 만났다. 다행히 마술사가 늑대로 바뀐 생쥐 곁에 있어서, 그 생쥐를 호랑이로 변하게 만들었다. 마침내 생쥐는 잘생기고 늠름한 호랑이가 되어 숲속을 당당하게 돌아다녔다.

그런데 생쥐였던 그 호랑이는 온종일 잘난 척하며 다른 작은 동물들을 업신여기기까지 하였다. 이를 본

마술사가 호랑이를 꾸짖었다.

"내가 아니었더라면 너는 벌써 죽었을 것이다. 만일 살아남았다 하더라도, 너는 하찮고 조그마한 생쥐였어. 그러니 잘난 척하며 다니지 마라. 알겠느냐, 이 어리석은 생쥐야!"

그런데 생쥐는 위험에 처했을 때마다 자기를 구해준 마술사의 은혜를 까맣게 잊어버리고 '내가 한때 생쥐였다는 것을 저 마술사만 알고 있어……. 그러니 저 늙은이를 죽여버려야겠다.' 라고 생각했다.

그리고는 한밤중 마술사의 침실을 파고들었다.

자고 있던 마술사가 놀라서 외쳤다.

"에잇, 은혜도 모르는 녀석!"

그러나 그 말이 끝나기도 전에 호랑이가 된 생쥐는

마술사를 잡아먹어버렸다. 그 생쥐의 이름이 무엇인지는 너굴나라 어린 너구리들도 알고 있다.

6

옛날 경치 좋은 호수에 너구리가 모여 살았다.

그들은 여럿이 매우 잘 살고 있었는데, 그래도 위에서서 그들을 다스려 주는 왕이 있으면 지금보다도 더 한층 행복하리라고 생각하게 되었다. 누구든 영웅을 만들지 않으면, 왕을 만들어 충성하지 않으면 직성이 풀리지 않는 못난 근성 탓이었다. 그러나 사실 그러한 근성은 영웅이나 왕에게 빌붙어 다른 너구리들을 지배하고자 하는 더러운 욕심 때문이었다. 북쪽 너굴나라에서는 이미 그런 일이 반백년 이상 진행되고 있었다.

그래서 남쪽 너굴나라 궁민들도 하늘왕에게 사신을 보내어 힘센 왕을 내려보내 주도록 탄원했다.

하늘왕은 남쪽 너구리들의 어리석음을 비웃었다. 왜냐하면 하늘왕은 너구리들은 지금대로 사는 편이 보다 행복하고 살기가 더 좋은 것을 알고 있었기 때문이었다. 그래서 하늘왕은 큰 나무토막 한 개를 던져주었다. 나무토막이 호수로 떨어지자 너구리들은 무서워서 모두 숲으로 깊이 숨었다.

잠시 후 그 중 제일 용감한 너구리가 임금님을 좀 보려고 머리를 내밀어 보니, 나무토막이 물 위에 고요히 떠 있었다. 그러는 동안에 다른 너구리들도 모두 숨었던 데서 나와서 그 위대한 임금님을 우러러보았다.

그러나 나무토막이 움직이지 않자 너구리들은 그 주위를 헤엄쳐 돌아다니다가 드디어는 하나씩 그 위에 올라탔다.

"이건 왕이 아니다."

한 영리한 너구리가 말했다.

"이것은 죽은 나무토막에 지나지 않는다."

그래서 너구리들은 또다시 사자를 하늘왕에게 보내서 자기들을 지배할 힘이 있는 왕을 내려보내 달라고 애걸을 했다.

하늘왕은 귀찮았다.

그래서 이번에는 너구리 전문 사냥꾼인 오소리를 보내면서 말했다.

"이 오소리가 너희들을 지배하여 줄 것이다."

너구리들은 사나운 오소리가 장엄한 보조로 호수로 걸어오는 것을 보고 반가워했다.

"와아!"

너구리들은 만세를 불렀다.

"저거 봐요. 당당한 저 풍채를, 머리를 높이 쳐든 저 모습을!"

"정말 임금님이다!"

너구리들은 기뻐 날뛰며 그를 마중 나갔다.

그러나 오소리는 짧고 굵은 목을 내밀어 너구리를 잡아서 한 입에 삼켜버렸다.

"큰일 났구나!"

너구리들은 겁이 나서 물러서기 시작했다.

그러나 재빠른 오소리는 겁에 질린 너구리들을 냉큼

냉큼 집어먹었다.

"아아, 그냥 나무토막에 만족하고 있었다면 좋았을 것을."

가장 늙은 너구리가 후회했다.

그러나 그는 그 말을 마치기도 전에 잡아먹혔다.

너구리들은 울면서 살려달라고 애걸했으나, 하늘왕은 들어주지 않았다.

지금도 오소리왕은 날마다 아침 점심 저녁밥으로 너구리들을 먹었다. 아주 맛있게. 그렇지만 그는 절대로 한꺼번에 많은 너구리를 잡지 않았다. 자신에게 대항하는 너구리들을 소리없이 하나 하나씩 잡아먹었다. 저항을 최소화하기 위해서였다.

7

세탁소에 갓 들어온 새 옷걸이한테 헌 옷걸이가 한 마디 했다.

“너는 옷걸이라는 것을 항상 잊지 말길 바란다.”

새 옷걸이가 물었다.

“왜 옷걸이라는 것을 그렇게 강조하시는지요?”

헌 옷걸이가 눈을 지그시 감으며 말했다.

“잠깐씩 입혀지는 옷이 자기 신분인 양 오만해지는 것을 그 동안 너무나 많이 보았기 때문이네.”

5

우리 조국을 이렇게 만들어다오

우리의 무덤 앞 빗돌은 오어로 세우지 말라.
우리의 빗돌은 한없이 아름다운 우리 너굴어로 장식해다오.
그리고 진달래 붉은 꽃잎 사이로 끝없는 보리밭을 보여 달라.
붉은 진달래꽃잎은 태양같이 소중하던, 별빛같이 소중하던
우리 조국이라고 생각하라.
푸른 보리밭 사이로 하늘을 쏘는 노고지리가 있거든
아직도 날아오르는 우리 꿈이라고 생각하라.
– 어린 너구리들에게

너굴신의 자비와 광명이 온 나라에 퍼지기를!

너굴신이여, 우리를 오솔신으로부터 보호하여 주소서!

너굴계를 대표하는 진정한 수행자가 3보1배와 오체투지로 대항했다. 너굴나라 끝에서 끝으로 그야말로 고난의 행군을 강행한 것이다. 무작정 땅을 파는 흰코님에게 너굴계가 할 수 있는 일은 그것뿐이었다. 하늘나라에 계시다는 오솔신에게 물 십자가를 만들어 바치겠다는 흰코님의 의지를 누구도 막을 수 없었다.

수행자는 조용히 선언했다.

"굴자 여러분! 지난 몇 년간은 참으로 감당하기 힘든 혼돈의 시간이었습니다. 저는 지리산에서 계룡산까

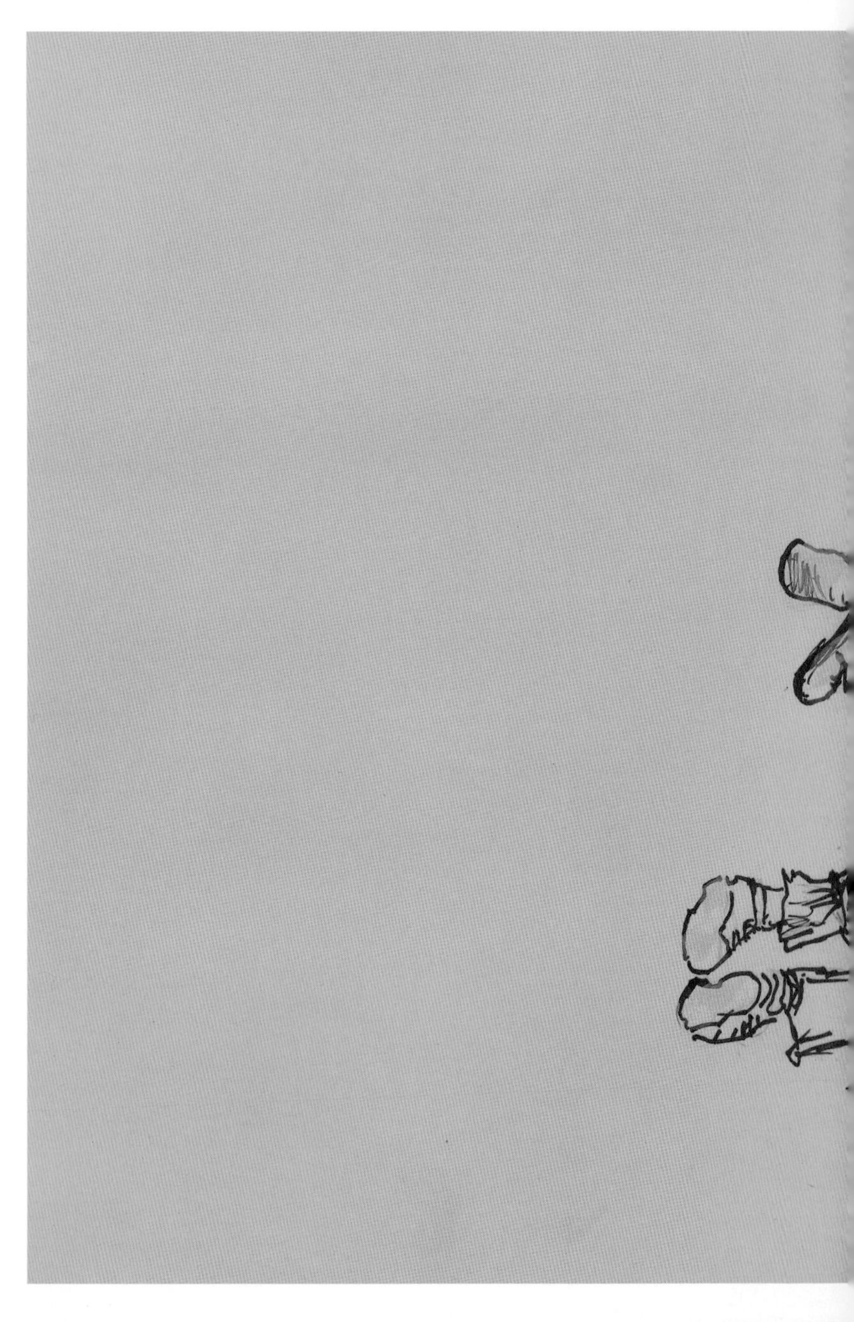

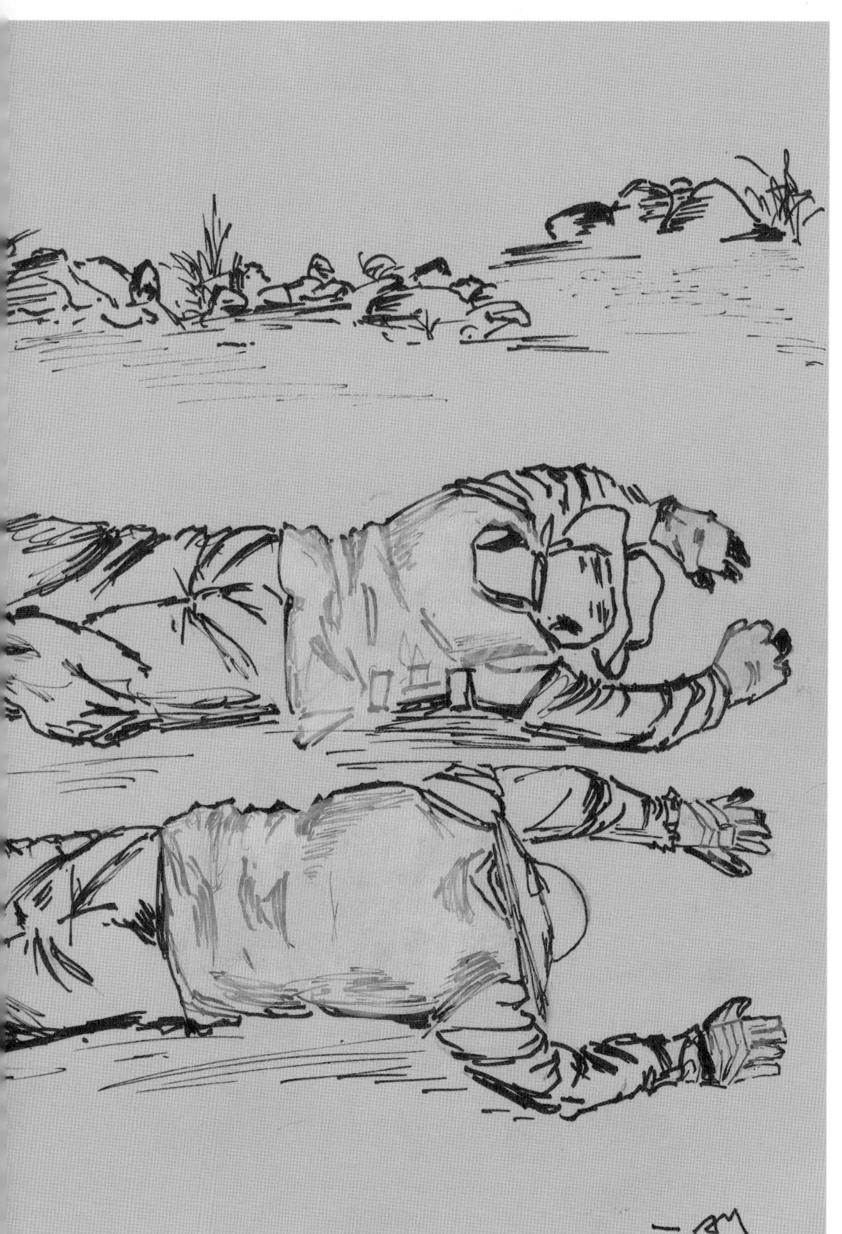

지 오체투지로 이 땅의 품에 안기는 기도의 시간을 가졌습니다. 거창한 명분이나 목표가 아니라, 너굴신을 스승으로 모신 너구리로서 마땅히 가야할 길이라고 믿기 때문입니다. 이제 나의 오체투지가 생명의 실상을 바로잡고 평화의 길을 찾아가는 너구리길을 한 뼘이라도 넓히는 계기가 될 수 있기를 간절히 바랍니다. 그래서 나는 오체투지의 길을 나섭니다. 만물을 길러내는 어머니 대지 품에 온몸과 마음을 던지고 또 던져 번뇌의 한가운데서 평화로워질 수 있는 생명의 길을 찾고자 합니다."

그에게 동조하는 너구리들이 마지막 기자회견을 하였다.

우리는 이 너굴나라에서 태어나고 자랐다.
내 부모는 너굴인이며 내 나라는 너굴민국이다.
감히 주인이 궁민인 너굴나라에서 그 누구도 홀로 주인이라고
말하지 말라.
부자들만을 위한 모든 정책을 평등이라고 말하지 말라.
오어는 오어일 뿐이다. 누구도 우리에게 오어를 강요하지 말라.
외세의 침략으로 나라를 잃고 분단된 나라의 궁민으로서,
독립된 국가의 궁민으로서, 주권을 행사하며 거기에 따르는
기본 권리를 누리는 것, 거기에 따르는 의무를 다하는 것,
그것을 빼앗으려 한다면 우리들은 결코 묵과하지 않을 것이다.

그러나 너굴나라의 부자는 계속 부자였고, 가난한 너구리는 계속 가난했다. 목숨을 건 수행자의 오체투지가 계속되는 가운데서도 푸른궁전은, 푸른궁전을 동조하는 언론은, 푸른궁전을 지키는 경찰들은 수행자의

뒤를 밟았다. 분단된 궁민이 아닌, 오솔나라로부터 독립된 궁민으로 살고자 하는 너구리들의 뒤를 쫓았다.

그러나 할머니가 만들어준 어린 너구리들의 노래는, 어른 너구리들 사이로 발 빠르게 움직이던 소문들은, 마을 마을 골목 골목으로 숨어들었다.

그리고 마침내 그 할머니가 흰코님을 찾아왔다. 푸른궁전의 그 삼엄한 경계망을 뚫고.

아무도 늙은 할머니에게는 신경을 쓰지 않은 것이다.

그녀는 촛불대신 무언가를 들고 있었다.

흰코님은 일단 안심했다.

흰코님은 정말 불이 무서웠다.

"어떻게 오셨습니까?"

할머니는 천천히 말하기 시작했다.

"그러니까 너굴나라가 이 세상에서 가장 평화로웠던 시절. 입에서 입으로 전해져 내려오는 전설 같은 이야기가 있었습니다. 그 당시에는 누군가가 죄를 지으면 마을의 촌장이 마을 어귀 한쪽 땅바닥에다 동그라미를 하나 그렸습니다. 그리고 죄지은 너구리를 불러다 그 동그라미 안에 들어가게 했습니다. 그리고 지은 죄가 무거우면 한나절, 좀 가벼우면 반나절 정도 그 동그라미 안에 가둬놓는 게 전부였습니다.

그런데도 죄를 지은 그 누구도 동그라미 안에 갇혀 도망가지 않았습니다. 아무리 지루하거나 갑갑해도 바보가 아니면 도망치지 않았습니다. 한나절이면 속죄가 될 일을 평생 가슴에 담아두고 벌을 받을 그런 어리석은 너구리는 없었던 것입니다.

그리고 한나절, 반나절을 버티지 못할 그런 바보는 법으로 다스릴 필요도 없었습니다. 그러니까 굳이 법을 운운할 필요가 없던 시절이었습니다. 쓰잘 데 없는 일로 법을 입에 올리면 그 자신이 바보가 되던 꽃 피던 날의 시절, 너굴나라가 두고두고 후손들에게 자랑하는 이야기입니다. 흰코 너굴님, 그런 나라를……."

그러나 사실은 그런 역사가 한번도 없었는지도 모를 일이었다. 그것은 그런 시절이 한번도 없었기에 할머니가 만들어낸 이야기인지도 몰랐다.

"못하겠다면?"

흰코님이 빙긋 웃었다.

할머니가 사진 한 장을 내밀었다.

“당신이 지금 우리 아이들을 이렇게 만들고 있소. 친구를 원수로 만들고 있단 말이오. 흰코, 그대가 이렇게 졸부의 정치를 계속한다면 반드시 갈아엎을 것이오. 그대는 지금 우리 모두를 포크레인으로 파묻고 있소. 산 채로.”

“내 방식이 옳아요. 아무것도 모르는 할머니가…….”

흰코님이 비웃었다.

“부탁하오. 우리 아이들이 내 노래를 알고 있소. 어른들은 내가 들려준 이야기를 알고 있소. 그들을 우습게 여기지 마시오. 이미 오래 전에 우리의 이야기에 눈을 감고 귀를 닫은 당신이 감히 나라의 주인인 우리의 주인 노릇을 하고, 우리를 가르치려 한다면 당신은 끝내 피를 보게 될 것이오. 당신은 일개 가짜 너구리 정치인일 뿐이오. 당신은 분명 잘못된 길을 가고 있소."

말을 마친 할머니는 곽티슈를 내밀었다.

"그건 또 뭐요?"

얼굴이 벌겋게 달아오른 흰코님이 마지못해 물었다.

"곽티슈요."

"왜요?"

"이걸 하나 사 주시오"

"응?"

"열 개라도 사드리지요. 어서 나가주세요."

하늘만큼 부자인 흰코님은 구질구질한 것이 싫었다.

그러자 할머니는 고개를 흔들었다. 할머니는 티슈

를 팔러온 것이 아니기 때문이었다.

"하나면 충분하오. 그 티슈로 울고 있는 궁민들의 눈물을 닦아주시오."

그 이후 흰코님이 어떻게 처신했는지는 너굴나라 궁민이면 누구나 알고 있었다. 다만 그 할머니의 행방만은 아무도 몰랐다. 할머니는 흰코님에게 그렇게 티슈 한 곽만을 전달했을 뿐이었다. 물론 그것도 정확한 사실인지 아닌지는 모르지만.